아름다운
꽃
풀꽃 언니

박정하 제4시집

아름다운 꽃
풀꽃 언니

한강

시인의 말

　이번에 출간한 『아름다운 꽃 풀꽃 언니』는 4번째 시집이다.
　이번에도 남편(김성주) 시 1편도 같이 싣는다.
　이제 더 무어라 할 말이 없는 세상에 시가 써진다는 것이 신기롭다.

　그동안 역병 코로나에 삼 년 동안 숨죽여 살아왔는데, 꼭 나쁜 것만은 아니었던 것 같다.
　책장에 장식용으로만 진열돼 있던, 두꺼운 책 몇 권 봤던 게 큰 수확이다.
　유튜브를 활용한 것도 큰 수확이다.

지난 봄부터 준비한 시집이, 추석 명절에까지 이르렀다. 여름 더위도 만만찮았다.

언제까지 써질지 모르는 시, 부족하지만 이렇게나마 시집을 내는 게 다행으로 생각한다.

이번 시집은 월간 《문학공간》에서 수고해 주셨다.

수고해 주신 문학공간사 관계자 여러분께 감사드립니다.

2025년 봄
박정하

박정하 제4시집　　　　　　　　아름다운 꽃 풀꽃 언니

□ 시인의 말

제1부 자연

풀벌레 소리 —— 13
조용한 산 —— 14
인생에 꽃을 피운다는 것 —— 15
나의 작은 하느님 —— 17
도토리 떨어지는 소리 —— 18
나이 듦의 슬픔 —— 19
큰 나무들의 사랑 —— 21
큰 나무들의 질주 —— 22
자부심 —— 23
자연 —— 24

제2부 아름다운 꽃 풀꽃 언니

시처럼 내리는 눈 —— 29
아름다운 꽃 풀꽃 언니 —— 31
사랑 —— 34
소나무 —— 36
한겨울 소나무 —— 37
신작시 —— 38
교만 죄 —— 39
대부 —— 41

아름다운 꽃 풀꽃 언니　　　　　　박정하 제4시집

42 ─── 돌멩이
44 ─── 시가 밥 먹여 준 것도 아닌데
45 ─── 보스 스피커 찾아 삼만리
48 ─── 비윤리적인

제3부 시

53 ─── 시
54 ─── 산을 은퇴하다
55 ─── 숲속의 향연
56 ─── 소금강과 동강
58 ─── 소설
59 ─── 소월 시집
62 ─── 아들 대학 졸업식 날
63 ─── 애완견
64 ─── 어떤 나르시시스트 여자
66 ─── 오어사
67 ─── 위로의 꽃
69 ─── 의심
71 ─── 잡생각들과의 싸움

제4부 방랑

75 ─── 방랑
79 ─── 잘 알려지지 않은 시

박정하 제4시집 　　　　　　　　　아름다운 꽃 풀꽃 언니
　　　　　　　　　　　　　　　　　차 례

　　　　　　　　　　　장자 ――― 80
　　　　　　　　　　　간장 ――― 82
　　　　　　　　　　　　무 ――― 84
　　　　　　　　　믿는다는 것 ――― 86
　　　　　　　　강물아 너만 가거라 ――― 88
　　　　　　　　꽃들은 늙지도 않나 ――― 89
　　　　　　　나는 질경이를 밟지 않는다 ――― 90
　　　　　　　　　　　목련 ――― 91
　　　　　　　　도스토옙스키와 아이들 ――― 93
　　　　　　　　　레빈과 브론스키 ――― 95
　　　　　　　　　　삶과 죽음 ――― 97

　　　　　　　　　　　　제5부 **문학**

　　　　　　　　　　　문학 ――― 101
　　　　　　　　　눈 오다가, 비 오다가 ――― 103
　　　　　　　　　　낚시하는 청년 ――― 104
　　　　　　　　　　나무들의 보약 ――― 105
　　　　　　　　　　두 팔 벌린 나무 ――― 106
　　　　　　　　　　　바다는 멀고 ――― 107
　　　　　　　　　　설악산과 검단산 ――― 108
　　　　　　　　　　　소꿉놀이 · 2 ――― 111
　　　　　　　　　소크라테스의 반론 ――― 112
　　　　　　　　　　　　신곡 ――― 113
　　　　　　　　　　　야속한 새 ――― 115

아름다운 꽃 풀꽃 언니　　　　박정하 제4시집

116 ── 시원하게 노래 한번
117 ── 세상에서 제일 슬픈 눈빛

제6부 돌리

121 ── 돌리
125 ── 적막
126 ── 직박구리·7
128 ── 직박구리·8
129 ── 울보
130 ── 유언
131 ── 지갑 분실한 날·2
133 ── 가을은 소풍객 따라
134 ── 가을이었지
135 ── 꽃바구니
136 ── 님의 침묵을 따라가며

제7부 인고에 대한 변론

141 ── 인고에 대한 변론
143 ── 도망가고 싶은 밤
144 ── 동화 나라
145 ── 사랑이 바람이 아니고서야
146 ── 산동, 산수유 마을
147 ── 산림욕

아름다운 꽃 풀꽃 언니

입춘 하산 길 ——— 148
감탄사 ——— 149
빗소리 ——— 150
괴로움 ——— 151
숲길 ——— 152
차를 타 보면 안다 ——— 154

제8부 시조시인 송선영 선생님

시조시인 송선영 선생님 ——— 157
마지막 숲 ——— 159
신 ——— 160
자연과 공감하라 ——— 161
나만을 위한 공원 산길 ——— 163
동시 ——— 165
헤세의 난쟁이나무와 목련나무 ——— 167
순수 시대 ——— 169
가을 장미 ——— 171
별과 기쁨 ——— 172
샤먼 ——— 173
반성문 | 김성주 ——— 175

제1부 자연

풀벌레 소리

가슴 적시는
지상에서 제일 아름다운 소리
풀벌레 소리

이른 가을
공원 산, 돌아오는 길
벌써 하나 둘, 풀벌레 소리

자연은 날이 갈수록
나와 한몸이 되어 가는 듯

이런 내 영혼을 잠식하는 평화로움
이런 자연 풀벌레 소리 말고
자식 말고, 또 누가 있으랴.

조용한 산

토요일인데도
공원 산에 사람들이 별로 없다
검단산, 큰 산을 다닐 때도
그처럼 큰 산에 적막하리만큼 사람들이 없었다
이런 좋은 산을 두고
그 많은 사람들은 다 어디 갔을까
사람들이 별로 없어
내심 나는 오지게 좋으면서도
그 많은 사람들이 이런 집 가까운 공기 좋은 산을 두고
어디로 훌쩍 날아가 어디에들,
꼭꼭 박혀 있는지가 궁금하다
무엇보다도 요즘 세상에
산 스스로 자정 능력 때문일 테지만
주택가 이런 가까운 산이 오염되지 않은 청정 상태로
여지껏 보존돼 있다는 것이 믿기지 않다
그래서 어느 날은 일부러
나뭇잎이 얼마나 깨끗한지를 확인하고파
나뭇잎 한 잎, 한 잎을 자세히 살펴보며
만져 보기도 했다.

인생에 꽃을 피운다는 것

대부분 인간은
순수를 안고 태어난다
그대도 당연
순수를 안고 태어났다
그러나 순수는 물건이 아니다
잡아 둘 수도, 묶어 둘 수도 없어
아침 이슬처럼 한순간에 사라지는 것이 순수다
네가 마지막 순수를 말할 때
내가 얼마나 불안 불안에 떨었는지 모른다
순수는 불안에 떨 일이 아니다
불안에 떨게 하는 것부터가
네가 얼마나 위태로운 기로에 서 있다는 것을 알았다
순수는 아무런 사심 없이, 내가 묵묵히 지켜 나가는 것이지
누가 지켜 주는 것이 아니다
인생의 마지막 꽃을 피운다는 것
죽을 때까지 순수를 잃지 않는다는 것이다
인생의 마지막 꽃을 피워 보지 못하고
너무도 쉽게 중도에서, 의지의 꽃을 꺾어 버린 그대여

인생의 성공이란, 쉽게 오욕에 물들지 않고
끝까지 순수를 지켜 나간다는 거
그걸 왜 몰랐을까.

나의 작은 하느님

나의 작은 하느님
큰 하느님은 죽어서나
만날 뵐 수 있는
저 높은 곳에 계시지만
나의 작은 하느님은 산은
살아서도 언제나 만나 뵐 수 있고
집에서도 날마다 마주한다
실질적으로, 큰일은
나의 작은 하느님 산이 다 한다
하늘 아래 제일 큰 생명체
나의 작은 하느님

인간이 살아서 하느님을 날마다 보고 산다는 것
이보다 더 큰 축복이고 은덕은 없는 것이리라
그럼에도 우리 인간들
그 큰 은덕에 둘러싸여 살면서도
날마다 죽네 사네
서로 물어뜯고
곡소리 끊이지 않누나.

도토리 떨어지는 소리

산에 도토리 떨어지는 소리
가을 알람 소리
가을에는 새소리보다
가을 축수 비
도토리 떨어지는 소리가 더 정겹다
산을 오르노라면
나만이 아는 명당 장소
햇살 바른, 에스 자로 꺾여진 비탈진 곳
일 년에 한 번씩은 언제나 꼭 내가 그곳에 있는….

나이 듦의 슬픔

왜 나이 든 사람들은 간혹 어둡고
쓸쓸한 표정을 짓는지 이제야 알겠다
나이 듦의 슬픔은
내가 나이 들어서만이 슬픈 것이 아니라,
한세상 살다 보니
원통하게도, 꿈에도 생각지도 못한
나보다 어린 형제나 자식들을,
하나 둘씩 먼저
홀연히 먼 길로 떠나보냈기 때문이다
이제 죽을 때까지 가슴에
무거운 바윗덩이 하나를 더 달고 살아야 할까 보다
죽음은 나이순이 아니란 것을
이제야 통감한
사랑하는 부모 형제들을 두고
먼저 의연한 하늘의 별이 된 그대들
이젠 너희가, 너희를 낳은 부모 형제보다도
더 앞서간 선지자이고 해탈자다
이젠 내겐 하늘의 별이
예전의 그 별이 아니다

이젠 세상 모든 것이 다 달라 보이는
눈앞 보이는 것 모두가 다
너희 상냥한 얼굴로 보이고
살아 생전의 죽음으로 향해 달리는
너희 벼랑 끝 삶이 보인다
너희는 지상의 부모 형제들에게
말로 다할 수 없는 행복을 안겨 주었고
반대로 부모 형제들에게서는 씻을 수 없는 상처를
받았던 것
그럼에도 너희는 다 용서하고
지상에 남아 있는 부모 형제들에게
최선에 최선을 다하고 떠났구나.

큰 나무들의 사랑

꽃 피는 사월인데도
큰 나무들은
아직도 발가벗은 채, 겨울나무 그대로다
왜일까?
일부러 보려 해서 본 것은 아니건만
우연찮게 벌거벗은 큰 나무 아래에서
어린 나무들의 뾰족뾰족 잎 돋는 것을 보았다
이를 흐뭇이 지켜보는 큰 나무들
"우리 형아 나무들은,
어린애들이 먼저 잎이 다 난 뒤
그때 천천히 나도 괜찮으니, 어서 아우네들 먼저
방실방실 피어나라, 피어나라"
그런 넉넉한 흐뭇한 표정들 일색이었다
새삼 약육강식, 강자 우선의 사회로 길들여져 살아가는
우리 인간들을 많이 부끄럽게 만드는 이 모습

겨울 고목나무는
생명 있는 나무 같지 않아
마른 땔감나무로만 보여
겨우내 그리도 내게서 많은 냉대도 받았건만.

큰 나무들의 질주

엊그제만 해도
어린나무들에 봄을 양보만 하느라
꽃 피는 사월인데도
벌거숭이인 채, 꿈쩍도 않던 큰 나무들

언제 잎 틔웠는지도 모르게
말 달리듯
온 산, 온 우주를, 질풍노도로 질주한다
한번 불붙으니
당장 온 우주를 다 집어삼킬 듯하다
저러다간
곧, 큰일이라도 낼 것 같아
좀 말리고 싶다.

자부심

자부심, 참 좋은 말이다
내 손으로 물 한번 준 적 없는 군자란이지만
봄만 되면
우리 집, 줄지어선 화분 가득
낭자하게 피어 있는 군자란 꽃을 볼 때면
자못 자부심이 느껴진다
군자란은 영예로운 그 이름만큼이나
경이로움의 그 자체
불쑥 꽃대가 올 때가 제일 군자란답다
물도 자주 줄 것 없는
게으른 사람이 키우기에
딱 알맞다는 군자란
남의 불행이 곧 내 행복이듯
내가 최고조로 자부심을 느낄 때는
가끔씩 댓글에서, 햇볕이 들지 않아
군자란 꽃이 잘 안 핀다는
그런 남의 하소연 댓글 볼 때다.

자연

어느 해에 갑자기
검단산 골짜기에
노란 수선화 닮은 예쁜 꽃이
함초롬히 제법 많이 피었었다
기대를 하고, 그다음 해에 보니
그 꽃 깡그리 다시 볼 수 없다

언젠간 퇴촌 등산길에서
거짓말처럼 두릅을 많이 땄지
물구덩이도 있는 사람이 살았던 폐가였다
그다음 해에 다시 찾아갔는데
이미 누가 다 따 갔는지 흔적도 없다

마지막으로
미사리 한강에서
밭작물처럼 냉이가 몇 마지기나 될 정도로
넓게 펼쳐져 있었다
그다음 해에 갔는데
마지막 정점이라도 찍는 듯

이번에는 더 간담 서늘히
여봐란듯이, 그 너른 냉이 밭을
무적 갈대가 다 휩쓸고 있었다

냉혹하고 허망하게도
이년을 더 못 넘긴 자연
우리 인간은 감히 따라갈 수도 없는
변화무쌍한 빛의 속도로
세상의 고뇌를 다 품어 안고
앞으로 앞으로만 내달리는 자연

자연아 너무 그러지 말거라
우리 인간이 기댈 곳은 오직 너희밖에 없는데
죄 많은 우리 인간들 과거에 사로잡혀
추억에 잠길 시간까지 왜 폭력적으로 다 빼앗아 가느냐

그러나 그렇지 않고 우리 인간이 저지른
여러 부도덕한 자연 파괴에 대한 경고
경각심을 깨우치게 하려는 것이라면

나도 어쩌겠나, 더 군말없이
너를 따르련다.

제2부

아름다운 꽃 풀꽃 언니

시詩처럼 내리는 눈

눈이 내린다
오랜만에
시詩처럼 눈이 내린다
하염없이라는 말이 절로 나게끔 하는
지금 이 내리는 눈을 보고
시인이면 시 안 쓴 시인이 없겠다
오늘은 수많은 명시들이
한꺼번에 왕창 쏟아져 나오는 날이기도 하겠다
눈은 눈
세상은 세상
어제 오스카상을 수상한 세계적인 배우
우리 이선균 배우가 마약 혐의로 세상을 떴다
하염없이 내리는 이 눈이 설마,
듣보잡 현, 이, 무도한 공안정국에 가담해
이선균 배우를 지우기 위해 내리는 눈이 아닐까
자꾸만 의심이 드는 것은 무엇인가
이런저런 세상일만을 걱정할 만큼
나 또한 안녕한가?

다시 촛불 치켜들어 올리는
이선균과 눈
눈은 무죄다.

아름다운 꽃 풀꽃 언니

누구나 좋아하는 풀꽃
나에게는 언제나 영원히
풀꽃으로 기억되는 사람이 있다
근래까지도 고향, 외딴 강 건너에 살았던 사람
별 배우지도 않은 사람
평생 일만 하며 자연 속에 살다, 이름 없이 죽은 사람
풀꽃 같은 사람이라 함은 우선 마음이 착해야 한다
가난한 삶이어도 누추하게 보이지 않은 사람
많은 아픔을 안고 사는 삶이기에
누구보다도 남의 아픔을 잘 이해하는 사람
그리고 천성이 순박하기 이를 데 없이 조용한 사람
내 가까운 친척 언니이기도 한, 이런 사람만이
내게는 언제나 영원히 기억될,
진정 이 세상에서 제일 아름다운 꽃, 풀꽃 같은 사람인 것이다
  서로 멀리 떨어져 살아, 자주 만날 일은 없었지만
  언젠가부터 풀꽃 화신으로 기억되는 이 언니를 생각하노라면
  그처럼 나까지 마음이 평온해질 수가 없는 것이다

어쩌면 기적이라 할 수도 있는, 이 무심無心의 행복
　당신은 누구시길래, 내 생애 이처럼
　이 엄청난 무심의 열반의 세계에 들게 하시는 건지
　늦여름, 늘 다니는 산길에서, 이른 풀벌레 소리를 들으며
　내게 이처럼 행복감을 안겨 주고, 평화로움을 안겨 주는 건
　세상 어미들이 다 그러하듯, 어미 눈멀게 한 자식 말고,
　이런 자연 풀벌레 소리 말고, 또 누가 있으랴 했건만
　내게는 늘 또 이 풀꽃 언니를 생각할 때마다
　확 도드라지게 비교되는 사람이 있다
　노골적인 섬뜩함으로 똘똘 무장한 도시 여인으로
　풀꽃 여인과는 비교도 할 수 없을 만큼 아름답고
　현모양처이고, 사회에 모범적이고, 가진 것 많고,
　많이 배운 사람, 자존심이 하늘을 찌른 사람
　이런 류의 사람들이 보통 그러하듯
　이런 사람들은 인간 모두는 다 똑같이 존엄하다, 생각지 않는다는 것
　나를 또 한 번, 더 까무러치게 놀라게 한, 내가 직접 들은 말은

가난한 사람들은 모두가, 너 죽고 나 죽는다는 식의
　당장 전쟁이라도 일어났으면 하고 바란다는
　사회에 적개심을 품고 산다는, 내 귀를 의심케 한, 이런 어마무시한 선과 악을,
　마치 가진 자와 못 가진 자로 구별하는
　섣불리, 지레짐작해 가난한 사람들 모두들 한꺼번에 깡그리
　사회 불순 불만 분자로 쉽게 낙인 찍어 버리는 사람
　평생 풀꽃 근처에도 갈 수 없는
　언제나 풀꽃 여인과 비교되는, 내 콕 짚은 몇몇 특별 여인
　소위 지식층이라는 사람들이, 그것밖에 되지 않았나 하는 의구심
　이런 불명예? 훈장들을 주렁주렁 달고
　평생 자기가 지은 감옥을, 한낱 의심 없는 완벽한 철통 성城으로 알고
　평생 자기 감옥에 스스로 갇혀 사는 사람
　이제는 세상이 많이 변했다, 당신은 어떤 삶을 살겠는가.

사랑

아직까지도
전 세계적으로, 구독자 1위
소설 중의 소설
톨스토이의 『전쟁과 평화』
그 대장정의 줄거리에서, 사랑만을 딱 따로 떼어 낸
명장면을 꼽으라면
마음 착한 서얼 출신 부호 피에르가
나타샤한테 "마드무아젤 나 결혼해요"
그때 말하는 피에르의 그 쓸쓸한 표정
그때까지만 해도 어린 소녀인 나타샤
그 소리를 듣고
말에서 내려 등을 돌려, 피에르를 보지 않고
피하는 모습
장면 2
 전쟁으로 안드레이가 죽고, 정식 결혼은 하지 않았으면서도
 나타샤가 검은 상복을 입고, 안드레이 집에 앉아 있는 장면
 그때 마침 친구의 죽음을 알고

피에르가 안드레이 저택을 방문했을 때
어떤 초라한 여인이 검은 상복을 입고, 앉아 있는 모습
나타샤였다
그때 마침, 피에르 또한 바람둥이 부인도 죽고 없어…
그들은 언젠가는 꼭 이렇게 만나게 될
운명이었던 것이다.

소나무

누런 침엽수 낙엽 다 떨군
12월, 초겨울 소나무
이제 온전히 새잎만으로
얼마나 깨끗하고 아름다운 모습인지 모른다
살랑살랑 마치 목욕재계한 새색시 머릿결 같다
소나무에게는 추운 겨울이 곧 봄인 듯
추워질수록 더 사기충천해 푸르러지는 소나무
소나무는 추워질수록 더 푸르러진다는 소리
그동안 귀가 따갑도록 많이 들어왔건만
이 나이 들어서야
이제야 알게 됐다
낙엽 다 떨군, 듬성듬성 그 성근 자리
겨울, 밝은 햇살이 갈무리한다.

한겨울 소나무

소나무야
미안하다
너는 추운 겨울이 되면
추울수록 더 푸르러진다고
사방팔방 떠들어 댔는데
내가 잘못했다
너도 한겨울에는 이렇게
얼어
그 푸르던 잎이
검게 축 늘어져
고통받고 있었구나
12월 초까지만 해도
마치 새봄 맞는 듯
침엽수 누런 묵은 잎, 다 떨구어
그리도 파릇파릇했었는데.

신작시

매달 믿고 보는
원로 시인들의 신작시
원로 시인 중에는
여자 시인보다 남자 시인들이 더 주류를 이룬 듯하다
나도 같이 늙어 가는 처지이지만
이제 삶의 끝자락에 와 닿아 있는
이제 무엇을 더 바랄 것인가
마음 다 비우고 쓴 농익은 신작시
마치 아이로 다시 돌아가
천국의 문언저리에서 쓴 듯한, 짓궂고 해맑은 동시童詩 같은
  아니면, 오랜 세월, 연륜이 묻어 나오는
  이제 몇 안 남은
  몇몇 원로 시인들만이 쓸 수 있는, 그런.

교만 죄

단테 『신곡』에서
교만도 죄가 되나?
교만 죄를 짓고
연옥에 떨어져 벌을 받고 있는 망자
그 교만 죄란?
그 집안이 훌륭해
그보다 못한 집안사람들을 업신여겨
이 벌을 받고 있다나?
어떤 최고의 예술가도 따라 벌을 받고 있는데
그도 자기보다 못한 예술가들을
비웃고, 교만을 부려, 연옥에 떨어져
같은 벌을 받고 있다는
교만과 오만은 사촌지간이라
지금 세상, 이런 인간들 천지 벅적인데
심지어 단테 자신까지도
교만했다는 것을 자각할 정도
사람은 변하지 않은 것
언제나 마음속 깊은 곳에, 그 무거운 짐, 교만을
마치 훈장처럼 항시 달고 사는 사람들

이런 사람들하고는 천 번을 만나도
같이 흔연히 섞일 수 없어
단테가 역시 속 시원한 해결사다.

대부

몇 번을
돌려 보고, 돌려 보고 해서
영화 '대부'
에필로그, 3부작까지를 다 봤다
합법적으로 부를 쌓아 올리지는 않았지만
그 많은 부를 쌓아 놓고도
온갖 검은 세력 간, 살인 위협을 느껴
밥 한 끼를 편히 못 먹는 주인공 마이클
늙어 마침내는
그 많은 부富, 불안하기 짝이 없는, 못 믿을
사생아 조카에게 이양하는.

돌멩이

돌멩이 트라우마
돌멩이에 맞아 본 적이 있는가
나는 하마터면 맞아 죽을 뻔도 봤다
유년 시절, 학교 가는 길
외딴집 지나 혼자 등교할 때면
그 외딴집의 나보다 더 쪼그마한 남자아이가
돌멩이를 사정없이 던지는 것이다
꼭 맞아 죽을 것만 같았다
그럼에도 용케 한 번도 맞은 적은 없다
한 번도 맞은 적은 없건만 그 공포는
이루 다 말할 수 없는 무서운 공포다
내가 카라마조프가의 형제들도 아닌데
그 쪼그만 아이는 왜 누나 같은 나에게
맹위를 떨치며, 돌멩이를 던졌을까
이 얘기를 남동생한테 했더니
동생도 이런 경험을 했다 한다
이에 내가 놀란 것은 남동생은 남자라
전혀 이런 경험은 안 했으리라 생각했다
지금 생각한 것은 나나 남동생이나
그때의 일을 왜 부모나 학교 선생님께 왜 일러바치지

안 했을까다
결혼하고 아이들 키울 때다, 무슨 일로
으스름한 초저녁, 아이 둘을 데리고 아파트를 나와
좀 한적한 큰길을 걷는데
둘째아이가 갑자기 겁먹은 듯, 마구 뛰는 것이다
왜 그러냐 했더니, 이곳은 무서운 깡패 형들이
잠복해 있는 곳이라 한다
우리 아이들도 나와 같이, 이런 공포를
부모에게 일러바치지 않은 것은 마찬가지였던 것이다
예나 지금이나 아이들이 유년 시절이라고
마냥 보호받은 천국에서만 살았던 것은 아니었던 것이다
이런 생명의 위협까지를 느끼며 살았던 것
헤르만 헤세의 성장 소설 『데미안』의 싱글레이 같은 그런 것
가볍게 웃어넘길 일만이 아닌
당장 조처하고, 학교에서나 집에서나
아이들에게 무서운 일이 있으면 부모에게 꼭 말을 하게 하는
이런 사전 안전 교육이 꼭 필요한 것이리라.

시가 밥 먹여 준 것도 아닌데

시가 밥 먹여 준 것도 아닌데
오로지 정신이 콩밭에만 있는
시인들 열이면 열, 모두 한 목소리로
다시 태어나도, 시인으로 다시 태어나고 싶다 한다
나만 미친 것이 아니다.

보스 스피커 찾아 삼만리

소리만 잘 나면 됐지
무슨 스피커 타령?
그러곤 했었는데
우리 집 스피커가
세계적으로 유명하다는 그 보스 스피커다
음악을 들으면서
늘 남편이 빼놓지 않고 하는 말
우리 음악 소리가 좋은 건, 다 저 보스 스피커 때문이란다
남편이 천호동에서 현장 근무할 때다
길을 지나는데 어떤 상가에서
갑자기 귀를 쫑긋게 한, 고혹의 아름다운 음악 소리가 들려
자세히 다가가 보니
길가에 내놓은 손바닥만 한 그 작은 스피커에서
그처럼 아름다운 음악 소리가 쾅쾅 울려 퍼졌다 한다
그 스피커가 바로 보스 스피커라는 것도 알게 됐고
그때부터 보스 스피커 찾아 삼만리가 시작된 것이다
신제품은 엄청 비쌀 거라 엄두를 못 내고
인터넷에서 중고를 찾던 중

마침 알아내, 세운상가는 아니고
강북 어느 좁은 골목, 어디까지 달려가
딱 하나있던 것을 사 온 것이다
중고지만, 돈도 꽤 많이 주었다 한다
쓸데없는 짓이라 하며
그런 것에 둔감한 나까지도 감동적이긴 하다
이 스피커 덕분으로, 내 한 생애 귀까지 호강하며
아름답고도, 감미로운 음악을 실컷 듣게 됐다
그 많은 음악 중에서도, 내가 제일 좋아하는 음악,
죽은 자의 묘비명이라, 절규한 그 장엄한 쇼스타코비치의 로망스
이 곡 들을 때가, 제일 그 스피커의 진가가 드러난다
여기서 이 정도로 그쳤어야 했는데
그때까지만 해도 보스 스피커가
고음이 좋다는 것을, 반대로 저음이 좋다는 걸로 알고 있던 내가
중부고속도로 터미널 전자 전문 상가에 갔었는데
아는 척하느라, 우리 스피커 자랑을 하며
자신 있게, 우리 보스 스피커는 저음이 아주 좋다 했다

그랬더니, 판매자가 고개를 갸우뚱하며, 보스는 고음
이 좋은데요 한다
그래도 내가 계속 우기니, 마지못해 판매자가
신제품이 새로 나왔나 보내요 한다
이런 일이 있고 나서도, 몇 년이 지난 뒤에서야
보스 스피커는 고음이 좋다는 걸
내가 그 반대로 알고 있었다는 것을 알게 됐다.

비윤리적인

내 시를 잘 쓰기 위해
어느 특정인의 부끄러운
신체적 묘사를 하지 말자
그가 비록 내 혈육일지라도
사진을 잘 찍기 위해, 그 당사자가 보기에
불쾌하기 짝이 없는, 그런 사진을 찍지 말자
이 말은 내가 한 말이 아니다
나도 평소에 그런 생각들을 많이 하곤 했었는데
마침 어느 세계적으로 유명한 사진작가가
특별히 강조한 말이기도 하다
아무리 훌륭한 사진도, 그 사진 속의 어느 한 사람이라도
불쾌하달 수 있는, 그런 사진이 있다면
그건 좋은 작품이 아니라 했다
소설도 그렇다
소설이 아무리 허구라 해도
등장인물들의 존엄성은 지켜 줘야 한다
소설 내용과도 아무런 관계없이
그가 잘 아는 사람인 듯한 인물을 특정 인물로 내세워
그를 비하하는 모욕적으로 쓴 소설을 보았다

우연이랄까 이 소설가를 기억하고 있었는데
다른 작품에서도 역시 판박이였다
윤리적인,
작품은 작가 자신의 인격이다.

제3부 시

시

시는 자연 발생적인가
운명적인가
시가 언제부터 내게 왔던가
기억도 또렷한
잿빛 하늘에
까마귀 우짖는
음산한 초겨울
종이도 귀해
시마저도 마음대로 쓸 수 없었던 시절
그때 선뜻 내게
귀한 종이 대신에
너른 하늘이, 써도 써도 닳지 않은
하얀 백지 종이가 되어 주었다
부자도 이런 부자가 없었다
어깨 으쓱한
이제 용기백배해
시만을 열심히 쓸 일만이 남았었던 것
태어나 처음 어깨가 펴지고.

산을 은퇴하다

나이 들어
근 삼십여 년 가까이 다니는 산을 은퇴했다
은퇴?
내가 이런 영광스러운 은퇴를 하다니
산을 은퇴하면 얼마나 슬플까 생각했었는데
전혀 그렇지 않다
아마도 그동안 삼십여 년 다녔던 산의 열기가
아직도 가슴속에 식지 않고
그대로 남아 있어
그런 것 아닐까.

숲속의 향연

산이라고 다 날마다
똑같은 산은 아니다
더 특별한 날이 있다
신이, 자연이, 내 이제 얼마 안 남은
이 산과의 이별을 미리 예감하고
마지막 향연 축복을 내려 주셨던 날
사월에서, 오월 사이였던가
넉넉히 날 잡은, 그날 딱 하루!
늘 오르는 산길의
온 우주 가득
자욱이 들려오는
풀벌레 소리.

소금강과 동강

소금강과 동강은 한몸인 듯
소금강은 역시나 제법 그 뼈대 모양새가
소금강이라 불릴 만했다
굽이굽이
소금강을 먼저 둘러보고
소금강 맨 끝자락
전망대에서 내려다보이는 동강
미리 감탄사를 준비해 놓았어야 했다
동강의 비경은 이곳에 다 숨어 있으렷다
마침 아래 드라이브 코스 길까지 보여
저 환상의 드라이브 코스 길까지를 한 번 달려 보면
더 원도 없겠다 싶었다
그런데 그 말 떨어지기가 무섭게
우리가 그 길을 달리고 있었다
이게 뭐람을 연발하며
전망대에서 바로 드라이브 코스 길이
연결돼 있었던 것이다
마침표는 소금강이 내려다보이는 곳
진귀한 수석이 널려 있는

동강 상류 수석 밭에서 찍었다
수석 밭도 수석 밭이지만
수석 밭에서 올려다보이는 소금강 절벽이 아찔하다
삼국지의 적벽대전의 장소가
저런 곳이 아니었나 싶기도 하다
예전에도 한 번 와 봤던 곳
산과 강이 합쳐져 이상한 기괴한 기운이 느껴지는
사람 드문 우리 가족만 있는
오붓하고도 한적한 이 기괴한 곳에서 돗자리 깔고
햇살 받으며, 이 기운을 듬뿍 받고 싶었는데
귀갓길 바빠 금방 떠나온 것이 왠지 서러웠다
죽어서 영혼으로라도 훨훨 날아
꼭 한 번 내 다시 가 보고 싶은 곳이기도 하다.

소설

문학의 정수精髓는 소설이다
소설은 문학의 종합 비타민이다
소설만큼 우리 인간의 마음을
폭넓게 촉촉이 적셔 주는 위로의 문학은 없다
홀로 까다로운 시詩보다 한층 위인 소설
소설은 단연 러시아다
『전쟁과 평화』,『부활』,『안나 카레니나』
『죄와 벌』,『카라마조프가의 형제들』
푸시킨의『예브게니 오네긴』
러시아는 아니지만
괴테의『젊은 베르테르의 슬픔』까지
어찌 세상의 소설이 모두 이것뿐이랴만은
이마저도 알게 된 건
다 코로나 덕분이고, 유튜브 덕분이다.

소월 시집

"나는 세상 모르고 살았노라"라는 제법 두꺼운 소월 시집이 어떻게 내게 왔을까?

까마득한 삼십여 년 전, 시를 좋아한다면 그래도 소월 시집, 한 권 정도는 가지고 있어야 하지 않나 하는, 그런 기특한 생각으로 이 시집을 구입했던 것 같다.

여지껏 교보문고에서 구매한 새 책인 줄로만 알았건만, 아니다. 헌 책방에서 산 듯한, 1,500원이라는 가격표가 붙어 있다. 장식용으로 책꽂이에만 꽂혀 있다. 코로나 덕분으로 인해, 이 책에 눈길이 간 것이다. 일반 보통 시집 같지 않게 책이 두껍고 큰데다가 글자까지 안경을 써야만이 볼 수 있을 정도의 깨알 같이 작아, 그 덕분에 잘 알려지지 않은 시까지 많이 실려 있어, 횡재도 이런 횡재가 없다.

뒤늦게 이 시집을 다 읽고서야 더 가슴이 에인다. 소월이 한恨의 시를 쓸 수밖에 없는, 먹구름이 드리워진 우리 민족의 최대 치욕인 일제 강점기 한 중심에 소월이 있었던 것이다. 엎친 데 덮친 격으로 부친이 처갓집 가는 길에, 온갖 이바지 음식을 아랫사람 머슴들에 이고 지고, 그때 길에서 일본 순사 놈들 만나, 이바지 음식들을 다 빼앗긴 것은 물론, 심하게 얻어맞기까지 해, 그 뒤로 부친이 정신 이상자가 돼, 그때 이후로 부친이 드러눕게 됐다는 것, 이때가 소월이 젖먹이일 때이고, 부친은 젊디젊은 꽃다운 이십 대였다. 이로 인해 갓난아기 때부터 부친의 부재 아닌 부재로, 어두운 어린 시절을 보낸 것이다. 다행히 부유한 장손으로 조부가 부친 자리를 대신해 그나마 다행이다. 조부는 한때 금광을 해 돈을 가마니로 쓸어 모았다 한다. 불운한 시대만 안 만났으면 마냥 귀공자로 행복한 삶을 누렸을 소월.

그런 온갖 역경을 시로 승화한 불세출의 민족 시인 소월! 불운을 겪었다고, 누구나 다 소월처럼 이런 명시를 남기는 것은 아니다.

비운의 제자 시인을 먼저 보낸 스승, 김억의 회고도 눈물겹다 〈소월의 추억〉이라는 제목의 긴 문장, 그의 첫 문장을 그대로 옮겨 싣겠다.

"이제 소월素月이는 돌아가고 말았으니 여기에 이야기가 있다. 하면 그것은 모두 돌아볼 길 없는 지나간 그 옛날의 추억에 지나지 않을 것이외다. 한창 젊은 몸으로 발휘할 수 있는 모든 재능을 보여 줄 수가 있었거늘, 그만 그대로 검은 운명運命의 손은, 아닌 밤에 돌개바람 모양으로 우리의 기대 많은 시인 김정식金廷湜 군을 꺾어 버리고 말았으니 우리의 설움은 이곳에 있는 것이외다." 이런 절절한 애통의 글로 시작해, 소월의 천재성을 감격해하고, 마침 그 무렵 주고받은 편지와 함께 보내온 시, 삼수갑산三水甲山이라는, 소월 자신의 운명을 예견한 시, "그 삼수갑산 시가 유작이 되었으니 이 또한 이 편지를 볼 때마다 나로서는 개인으로의 다시 없는 애석의 망연자실茫然自失하는 바외다."라고 절규했다.

  이 시집으로 인해 흔히 볼 수 없는 장문長文의 김억의 글까지도 읽어 볼 수 있게 돼, 문학을 공부하는 사람으로서 이보다 더 큰 행운은 없는 듯하다. 이 책에는 다 세어 보지는 않았어도, 두 편의 산문과 함께 깨알 같은 글자 덕분으로 시가 백여 편이 훨씬 더 넘게 게재돼 있다. 이런 보배로운 시집이 어떻게 내게 왔을까? 산산이 부서진 이름이여, 부르다가 내가 죽을 이름이여, 읽어도 읽어도, 막 땅에서 솟아난 새 풀처럼 느껴지는 소월 시다.

  잘 알려지지 않은 시일수록, 더욱 그렇다.

  1984년 발행한 엮은이 양성우, 출판사는 지문사知文社다.

아들 대학 졸업식 날

아들 대학 졸업식 날
들뜬 마음에 사진을 찍고
제 가운을 엄마에게 입히고
사각모까지 씌워 주고
식당으로 가 밥을 먹고
그 정도로, 그 기쁜 날을
다 마친 줄 알았는데
이보다 더 잊지 못할 감동은
다 끝나고
엄마 아빠를 제가 4년 동안 강의 들었던
강의실까지 데리고 가, 여기저기를
다 구경 시켜 준 것이다
생각지도 못한 일이다
참다운 인간의 정이 느껴지는
인간의 정은 이처럼 세심하고 사소한 데서
더 많은 정이 느껴지는 것 같기도 하다.

애완견

추운 날
산에서 만난 애완견
태어난 지 얼마 안 된 듯한
한 줌 정도의
갈색 곱슬머리 애완견
옷은 둘렀지만
바람 찬 언덕배기에서 벌벌 떨며
더 안 가려 웅크리고 있다
그래서 내가 "추워 어떡하니?" 하고
위로해 주었다
내 늘 하던 대로 공원 산 반 바퀴만 돌고 오는데
그를 다시 만났다
나를 보더니 막 짖어대는 것이다
또 다른 젊은 아저씨한테까지도 달려가 짖는다
그러면서 조금 전 추워 웅크리고 있는 것과는
영 딴판으로 좋아 어쩔 줄 모르는
이리저리 깡충깡충 뛰기까지 한다
이들 보며 내 마음까지도 풀어져
"이제 다 풀려 안 춥냐?" 하고 놀려 주었다.

어떤 나르시시스트 여자

그 여자는 언제나 다섯 시에 일어나
집 가까운 교회에 가 새벽 기도를 드린다
오로지 자식들을 위해서
김장철이면 교회에 백만 원씩의 헌금도 한단다
며느리에게 차도 사 줬단다
이런 여러 정황들을 들어, 자신을 언제나 착하고
완벽한 여자로 철석같이 믿어 마지않는 한 여자
얼굴까지도 예뻐 노년이지만
누구에게나 미인이라는 소리를 듣는 여자
남편까지도 이 여자를 너무 사랑해
집안일 대부분을 남편이 다한다는
그럼에 밖에 나와서도 그 버릇이 몸에 배어
남도 자기를 배려해 주기만을 바라는 여자
이 말은 어처구니없게도, 당연한 듯 스스로 자기가
뱉은 말이기도 하다
있는 돈 다 못 쓰고 죽어 그것이 제일 걱정인 여자
이만 원대의 음식을 먹으면서도
우아한 호텔 수준의 서비스를 받으려는 여자
온갖 자랑 섞인 푸념을 하면서도

남의 이야기는 골치 아픈 소리라며 단박에 끊어 버리는 여자
　주변 사람을 자신의 들러리로 생각하는 여자
　한 말로 자기만 아는 사회성이 마비된 공주병 들린 여자
　그 외 소소한 등등의 건이 더 진짜이고 가관이지만
　그것까지 다 나열할 수 없어, 각자 상상에 맡긴다
　요즘 심리학자들이 말하는
　무엇보다도 의심이 많은, 나르, 전형의 여자
　진즉 다 알았으면서도 단호히 끊지 못하고
　대담한 척 호기 부리다
　드디어 크게 한방 당한 뒤, 당장 손절했다
　겉으로 잘 드러난 사이코, 소시오패스만 조심할 것이 아니다
　겉으로는 잘 드러나지 않은 이중적인
　이런 친절을 가장한 나르 여자를 더 조심할 일이다.

오어사

40여 년 전 포항
오어사라는 매력적인 절 이름에 끌려
찾아갔던 곳
지금도 이런 비포장도로가 있나 싶을 정도의
먼지 자욱한 비포장도로로 달렸던 곳
오지 중의 오지
고생한 보람의
내 상상의 기대를 저버리지 않았던 곳
사람 하나 구경할 수 없는
시간이 멈춘 듯한
쭈뼛쭈뼛 핼쑥한 나뭇잎만이 나를 구경하는 듯
이곳이 이승인지 저승인지가 구별 안 되는
살면서 한 번쯤은 이런 세상과 단절된
적막도 호사인 것
다라이 한가득히 배추를 씻고 있던
비구니 스님만의 그 쌀쌀한 말투
지금도 오어사하면 언제나
정신이 몽롱해져
장자 호접몽이 생각나는
내가 실제 그곳을 찾아가기나 한 건가?

위로의 꽃

코로나 삼 년째
올여름, 내 최고의 위로의 꽃은
단연 올봄 완공해 새로 지어진
공원 옥상의 신선한 풀꽃들이다
옥상은 두 옥상이 있는데
당연, 한층 더 높은 곳의 옥상이 더 시원하고 좋다
꽃도 처음 본, 신선한 새 풀꽃들이어서 더 좋다
공원에는 이른 봄부터 목련을 비롯하여, 철쭉, 벚꽃
그 많은 꽃들이 예전대로 많이 피었건만,
지금은 오월의 여왕 장미까지
그럼에도 코로나에 지쳐서인지, 요즘에는 도통
이들 꽃들에도 별 감흥도 없고
그런 차에 새로 지어진 척박한 옥상, 담장 아래에
봄에 마구 씨로 뿌려진 듯한,
시원한 양귀비, 하얀 꽃, 노랑꽃들의 활기찬 모습을 보자마자,
금세 새 활력이 솟아났다
이 풀꽃들은 토종 자연 풀꽃이 아닌 외래 풀꽃이다
우리 토종 자연 풀꽃이 아니면 어떠랴

이 옥상 건물을 지을 때
　또다시 공원 한 귀퉁이를 떼어 내어, 아파트를 짓는 줄 알고
　이 건축 현장을 지나칠 때마다
　겨울 내내, 내가 얼마나 많은 욕을 해댔던가
　다행히 아파트가 아니란 것에 얼마나 안심했던지
　그럼에 뒤늦게 저 아름다운 꽃을 보면서
　한편 속으로는 좀 머쓱하기는 했다.

의심

오래전
겨울 산을 혼자 내려오는데
뒤에서 같은 간격으로
어떤 남자가 계속 뒤따라오고 있다
남자 걸음이 나보다 훨씬 더 빠를 텐데
저리도 같은 간격으로 뒤따라오니
불쾌하고, 의심까지 든다
겨울 산이라 사람도 없고
무섭기까지 하다
분명 나쁜 사람임에 틀림없다
그때 갑자기 푹 패인 얼음 골짜기에서 내가 넘어졌다
일어서려 하니 아이젠이 서로 엉켜
두 발이 묶인 것이다
꼼짝 없이 일자로 누워 일어나지도 못하고 있는데
뒤따라오던 남자가
득달같이 달려와 나를 구해 주는 것이다
그러면서 가끔씩 이런 아이젠끼리 묶이는
사고가 있다는 것도 알려 줬다
친절하게 스틱까지 내 키에 맞게 조종해 주고

그는 떠났다
사람도 없는 산에서 그 아저씨 아니면
나는 그날 아마 꽁꽁 얼어 죽었을지도 모른다
의심했던 거
두고 두고 그 젊은 아저씨한테 미안하다.

잡생각들과의 싸움

누우면 오만 잡생각 때문에
잠을 이룰 수 없다고
무심코 흘려들었던 이 말
이제 나도 그 나이에 도달하다
잡생각이란 게
누우면 더 기승을 부린다
그러다가 간신히 정신 차리고 발딱 일어서면
얘들 언제 그랬냐는 듯이 금방 말끔히 사라지고 없다
얘들에게서 계속 당하고 나니 나도 이제
얘들 비열한 수법을 훤히 다 알게 돼
그래서 얘들 보는 앞에서는
절대 누우면 안 된다는 것
약한 모습을 보여서는 안 된다는 것
그렇다고 전혀 안 누울 수도 없고.

제4부

방랑

방랑

방랑은
인생의 마지막 자유다!
도스토옙스키의 『악령』
스테판이 인생 말년에
그 누구 아무에게도 알리지 않고
방랑의 길을 떠난다, 어디 목적도 없이
마지막 기대했던 아들 표트르
그에게서 받은 충격이 제일 컸을 것이다
인생의 아이러니
언제나 꼭 제일 믿었던 사람이 등에 칼을 꽂는다는 것
이건 필연이다, 우리 인간 당사자, 자신만이 모를 뿐
부인이 죽은 뒤
자기가 어린 아들을 거두지도 않고, 그 부인이 남긴 재산까지도
상속자인 아들에게 주지 않고, 노름에 탕진하고
그럼에도 혈육이라는 이름 하나로
아들이 그의 마지막 구원이 되리라 생각했던 그
그렇다고 스테판이 다 나쁜 사람인 건만은 아니다
선량한 교수이고, 돈 많은 여자와 재혼해 사는,

바르바라 남편이었다는 것
우리 대다수 인간은 스테판처럼 아주 좋은 사람도
그렇다고 아주 나쁜 사람도 아닌 것이다
세상에서 제일 읽기 힘들다는 소설, 도스토옙스키의
『악령』
나도 이 소설을 한두 번 들어서는 도저히 이해가 안 돼
유트브로 다섯 번, 여섯 번, 일곱 번까지를 듣고서야 드디어
이 소설만큼 재미있는 소설은 없다고 자부해 버린 것
악령이라는 제목답게
죽은 인물이 많은 소설, 나온 인물들 대부분 다 죽게 된다
악령의 대표적인 인물, 스타브로긴과 표트르, 이 두 인물은 이들 재혼 부부인
스테판과 바르바라 부부의 전처 아들이고, 전남편 아들이다
이 소설에서 제일 선량한 샤토프
언제나 자살로 생을 마감하겠다고, 떠드는 키릴로프
샤토프는 표트르에게 이용당해 살해되고

키릴로프는 그 신념대로 자살로 생을 마감한다
『카라마조프가의 형제들』보다 더 잔인한 소설, 『악령』
이 악령의 소굴 속에서도, 돈 많은 바르바라 부인을 만나 풍요를 누리고, 기생해 살았던 스테판
그럼에도 두 재혼 부부는 경쟁하듯 서로를 조롱하고
더 못 견딘 바르바라 부인이 스테판을 내쫓는 지경에까지
이제 더 어디 오갈 데 없는 스테판
악령의 등장은 18세기 러시아 격변기, 사회 불안 요인이 주요인이었던 것
이제 더 스테판에게는 방랑만이 구원이었던 것이다
어디 목적도 없이 집을 나와, 이제 비로소 인생 굴레에서 벗어나
자유인이 되는, 그를 따뜻이 품어 안아 주는 건 역시 들판의 낯선 자연 풍경들뿐이다
삶의 여정의 끝은 방랑자 로망대로 어느 여관에서 멋지게 숨을 거두는
악령의 마지막 피날레는
악령 중에서도 최고의 악령, 바르바라 부인의 외동아

들 스타브로긴의 죽음이다

  자신에게는 이제 아들이 없다는, 바르바라 부인의 예언대로 끝내 엄마 가슴에 못을 박고

  다락방에서 스스로 목매 죽음으로서 끝을 맺는.

잘 알려지지 않은 시

나는 교과서에 나오는
유명한 시보다
유명 시인들이 쓴
잘 알려지지 않은 소박한 시들을 더 좋아한다
백석의 〈모닥불〉
박목월의 〈나무〉
신경림의 〈나무〉
이런 유명 시인들이 쓴 잘 알려지지 않은
숨은 보석 같은 시들에서 더 많이 배우고
더 친근감까지 느껴진다
잘 쓰려고 일부러 어렵게 쓰지 않은 시
보는 대로, 느끼는 대로,
도란도란 마음을 풀어놓은 시
세상에 덜 알려져
더 신선하게까지 느껴지는
이런 유명 시인들이 쓴
잘 알려지지 않은 시가 이뿐이겠는가
뜻밖에도
소월 시집에 이런 시, 많다.

장자

뻥쟁이 장자
여자들은 이런 뻥쟁이 장자를
좋아하는가
뻥도 어지간히 쳐야지
혼돈 세상이 정상 세상이라는 말은
맞는 말이기도 하다
하긴 남자가 뻥을 치려면
이 정도는 쳐야 하는 것 아닌가
남에게 피해 주지 않은 뻥
답답한 세상에 이런 뻥도
필요한 것이리라
조그마한 물고기 곤이, 붕새가 되어
한 번 날면 몇만 리를 날고
한 번 날갯짓 물방울이 몇천 리까지를 튀고
그러다 갑자기
소름 끼치고 숨을 멎게 하는
들판을 달리는 아지랑이 야생마!
연이어 거듭 천지 창창
하늘이 푸른 것이 제 빛깔일까

앞서서 뻥쳤던 것은 모두가
들판을 달리는 야마野馬(아지랑이)
이 한 줄의 이 시를 쓰기 위한 사전 포석이었던 것
결국 시로 결론짓는
뻥쟁이 장자까지도 시 앞에서는 온순해지는
시는 위대하다.

간장

간장을 담가 보았는가
정월달에 맞춰
간단명료한 천혜 자연 물질인
물과 소금과 메주 햇볕만 있으면 되는 것
이른 봄날, 베란다 장독대에서
햇볕을 받고 날마다, 검붉게
조금씩 조금씩 숙성돼 가는 간장
이건 봄날의 예술이다
이런 간단명료한 천혜 자연 물질만으로
모든 음식의 기본 재료인 간장이 탄생한다
그럼에 조선간장은 신비 그 자체, 자연의 선물이다
간장하면, 언제나 우리 인간에게 제일 찔리는 말인
숙성이라는 말
인간아 너희는 얼마나 숙성한 인간이냐고
늘 되묻는 듯하다
조선간장은 하루아침에 뚝딱 만들어진 간장이 아니다
 간장은 첫날 담글 때보다 다 담그고 나서 더 많이 신경 써야 한다
 마치 신을 모시듯, 간난아이 다루듯

익히는 과정에서는 이물질, 물 한 방울이라도 들어가서도 안 되며
그렇게 이삼 개월 동안 숙성의 과정을 요하는 것이다
간장이 성깔을 부리면, 인내심을 발휘해
가만 놔두면, 언젠가는 저절로 명품 간장으로 변신돼 있다
쉬우면서도 까다로운 것이 간장 담기다
간장 숙성 과정에서 제일 큰 은총은 햇볕이다
햇볕이 없으면, 농사를 짓지 못하듯
간장도 햇볕이 없으면 아예 간장이 되지가 않는다
그럼에 예로부터 간장 담그는 일을 일 년 농사라 하지 않았던가

내 평생 주부로 살아오면서 잘한 일이 있다면
어실가실, 서툴게나마 이런 간장을 담가 보았다는 것
지금은 슈퍼에 가면, 쉽게 구할 수 있는 것 천지
이제는 이런 봄날의 예술이라 할 수 있는
간장 담그는 일도 다 옛말이 되어 가는….

무 radish

온갖 채소 중에서도
내가 최고로 치는 무
우리 집은
일 년 내내 무 채지가 떨어지지 않는다
청국장도 두부만 넣는 것보다
무를 넣어야 국물이 시원하다
채지 할 때, 무를 썰어 보면 안다
얇게 동그랗게 썰어진 무를 보면
이처럼 속살이 희고 달고 부드럽고
부처 마음의 무다
지금은 원예 기술이 좋아
일 년 내내 쉽게 구할 수 있는 무
이처럼 달고 시원한 무는 세상에서 제일가는 자연 소화제다
무는 성격까지 원만해
모든 다른 채소와도 잘 어울리고,
겨울철 소고깃국에도 일품이다
만병통치약 같은 무라
그럼에 옛적에는 무가 나오는 가을철에는

병원에 환자 수가 준다 했다
우리 식탁에서 하루라도 빠져서는 안 되는
제왕 무다.

믿는다는 것

무작정
사람을 믿는 것만큼
어리석은 것은 없다
순전히 다 내 이해타산으로
내 필요에 의해
철석같이 믿었던 것이기에
그 끝이 좋을 일이 없다
속 보이게도 다 내 잘못인 것이다
친척이면서도 피 한 방울 섞이지 않은
단순 내게 구경꾼인 사람을
너무 믿었던 것이고
가까운 친척이라 해서
유년 시절의 추억이 깃든 사람이라
일말의 의심 없이 철석같이 믿었던 것이고
묻기만 하는 염탐꾼이었다는 사실
세상에는 믿을 사람 하나 없다는
이런 사람만 있는 것도 아니다
피 한 방울 섞이지 않은, 전혀 남이면서
적당한 거리에서 예의를 지키며

오래도록 우정을 유지하는 사람들도 있다
이런 사람들이 제일 좋은 벗이다
오직 믿을 것은 내 자신밖에 없다지만
남을 믿지 않고 어찌 나 혼자서만이 살아갈 수 있겠는가
길은 한길밖에 있는 것이 아닌
늦게라도 이렇게 옥석을
가릴 줄 아는 나이가 돼 기쁘다.

강물아 너만 가거라

세상에서 제일 슬픈 노래

강물아 너만 가거라
나는 안 갈란다
흐르는 강물을 보고
치매 할머니가 부르는 노래.

꽃들은 늙지도 않나

꽃 옆에서 사진을 찍지 말라는
말이 있다
만발한 벚꽃
목련꽃 앞에서
화사하게 웃으며 찍은
내 셀카 사진
정말 못 봐 주겠다
내가 이처럼 많이 늙었나
어디 시골 할머니들도 이렇게까지
밉상은 아니겠다
밉상도 이런 밉상이 없다
나도 50대까지만 해도
예쁘단 소리 많이 들었건만
어쨌든 셀카는 나하고는 맞지 않다
사진 속에 나를 둘러싸고 있는 꽃들은 저리도 예쁜데
수 세월이 흘러도, 항시 똑같은 모습의 꽃들
꽃들은 늙지도 않나?

나는 질경이를 밟지 않는다

질경이하면
으레 하찮고
밟히면서도 잘도 큰다는 풀
나는 질경이를 밟지 않는다
이 초록, 예쁜 질경이를 왜 밟아?
봄이면 공원 초입에 맨 먼저 얼굴 내민 풀
반짝반짝 질경이가 이처럼
예쁜 풀인 줄 몰랐다.

목련

우리 아파트
부엌 창문에서 멀리 보이는 곳에
아주 키가 크고, 몸짓까지도 풍만한
목련나무가 있다
어느 이른 봄날 그 큰 나무가
멀리서 보아도 금방 목련임을 알리듯
눈부시게 환히 피었었다
나는 목련나무는 갓 심어 놓은 듯한
일이 미터 정도의 어린나무만 보아 왔지
저렇게 큰 목련나무가 있다는 것은 몰랐다
그것을 안 것은 오래전
서촌 세필 화가가 그린 그림을 보고서야 알았다
그 화가는 주로 서울 오래된 주택가 서촌에서
손가락이 마비될 정도로 세필로 목련만을 많이 그려 왔었는데
그 큰 고목나무에서 피어난 그 많은 꽃들을
하나도 빼놓지 않고 다 그린 것이,
보는 사람의 넋을 완전 빼놓은 것이다
그러하니 세필로 그린 목련꽃은 내겐 실제 꽃보다도 더

감동적이고 화려하게 보였다
그럼에 실제로는 가까이에서는 한 번도 본 적 없는
부엌 창문에서 멀리 보이는 저 큰 목련나무가
봄이면 한꺼번에 우르르 피어 있는 꽃들을 볼 때면
가까이서 보지 않아도
저 꽃들이 얼마나 황홀하고 아름다우리라는 것은
가히 짐작하고도 남는다
다 세필 화가 덕분이다.

도스토옙스키와 아이들

도스토옙스키의 주제
살인
그 이면에는 천사 아이들이 있다

『카라마조프가의 형제들』
『백치』

이 두 소설 속에 나오는 아이들이
다 같은 천사 아이들이다

가난한 아이들끼리의 우정
그리고 그들만의 세계
놀림 받고, 병들어 죽어 가는 친구에게
먹을 것을 갖다 주고
그런 자기 친구를 괴롭히는
나쁜 어른이라 싶으면 돌멩이를 던지고
그 형이 나쁜 사람이 아니라는 오해가 풀리고
가난과 사회에서 희생돼
결국 어린 친구가 죽게 되어

꼬맹이 그 어린 친구들이 관을 떠메고
친구 장사 치러 주는
마지막으로 무덤가에 꽃을 심어 주고

이 어두운 사회에 이런 어린 천사 아이들마저 없다면
우주는 종말을 고해야 한다

도스토옙스키와 아이들
젊은 베르테르도 얼마나 아이들을 좋아했던가.

레빈과 브론스키
—『안나 카레니나』에서

여자 마음을
여자보다 더 잘 표현하는 톨스토이
이 소설의
대립적인 관계인
안나와 키치
키치가 이 소설의 주인공인 안나보다
더 행복하게 보이는 건
다 남편인 레빈 때문이다
손님으로 와 있는 젊은 남자가
레빈과 결혼해 깨가 쏟아지게 잘 사는 키치를 좋아하는,
이를 불쾌하게 생각한 레빈이
속 좁다는 소리까지 들으면서까지
매정할 정도로 단박에 자기 집에서 내쫓아 버리는
이와는 정반대인
누구에게나 감탄을 자아나게 하는 미모
이 소설의 여주인공 안나
브론스키와 부부와 다름없이 잘 사는 데도
안나를 좋아하는 남자
브론스키는 이 남자에 별 신경도 쓰지 않고

되레 이를 즐기는 브론스키
여기에서 안나의 비극을 예감했다
모름지기 아내를 사랑한다면
레빈처럼 자기 아내에게 집적대는 남자를
단호히 자기 집에서 내쫓아 버리는 것이 상식이다
이것이 소설의 신神인 톨스토이의 확연한 사랑의 정의다
브론스키는 어디서나 살 수 있는
만들어 낸 조각품 같은 사람이라면
레빈은 땅에 묻힌 하나밖에 없는
원석 같은 사람이라 평했던
그래서 남자는 남자가 사람을 더 잘 본다는
딸을 사랑하는
키치 아버지의 예견이
믿음직스럽다.

삶과 죽음

삶과 죽음은 하나라는 것
살아서의 행복한 모습은
죽어서도 그 모습 그대로인 것
구월의 과꽃 붉은
여주 신륵사 경내에서
내 죽음의 환영인지도 모르고
내 두 천사들 경쟁하듯
내 그림자 사진을 마구 찍어 대고 있었다.

제5부

문학

문학

세상 그 많은 단어 중에서
내가 제일 좋아하는 단어 문학
나는 맨날 피 철철 흘리며 외돔만 떠는
평생 내 아린 손가락인, 외톨시詩 단어보다는
시면 시, 소설이면 소설
모든 장르 문학을 다 포근히 품어 안은
공자 할아버지 같은 늠름한 얼굴의 문학이라는 단어를 더 좋아한다
문학은 우리 인간이 창조해낸 불굴의 의지의 산물
영성의 꽃밭이요, 한바탕 축제장인 것이다
빵만으로는 살 수 없는 세상
오직 펜 하나로
시詩면 시, 소설이면 소설
이런 다양한 고혈 짜낸, 인간 구원의 정신 문학이 없었다면
우리 인간들 어디에서 위로를 받으며
어디에다 그동안 쌓인 울분들을 다 시원히 토해 낼 수 있었을까
문학은 곧 우리 인간들이 씨 뿌리고 구현한

우리 인간들만의 놀이터요, 영혼의 밥인 것이다
　매일 먹어도 먹어도 질리지 않은 밥
　그럼에 매일 밥 먹듯 시를 쓴다 하지 않던가
　그럼에 또한, 하루에도 몇 번씩 절망, 절망이라 외쳐대는 세상에
　우리 인간이 마지막 기댈 곳은 오직 이런
　그 누구도 알아주지 않은 나만의 길
　배고프고도 추운 저 광활한 드높은 곳이 문학 세계뿐이라는 것
　신神과도 동격인 문학
　그럼에 어쩌다 신문 잡지 등에서
　그 높은 곳에서 한껏 몸 낮춰, 내 안방까지 왕림하신
　문학이라는 단어가 눈에 띄면, 그처럼 신선하고 반가울 수가.

눈 오다가, 비 오다가

처음에는 눈이 와
아이처럼 반짝 좋아했었는데

조금 있으니
비로 변해
실망이 되어
웃다가 울다가

아예 처음부터 비가 왔으면
이런 실망감도 덜할 텐데

그러다가 또 계속
오늘 하루 종일
눈 오다가, 비 오다가

결국은 이런 날은 언제나
눈이 비를 이기지 못하고
터져 나오는 울음
비가 되어 내리는
비는 눈물이다.

낚시하는 청년

항구 도시
목포 유달산 뒤쪽이라 했다
멀쩡한 바다를 메웠는지 들쭉날쭉 어수선
원래 뒤쪽은 다 그렇다
그런 먼지 풀풀 나는 세멘 높은 둑에서
뜬금없이 낚시하는 청년
항구 도시에 와서 이게 뭐람?
그나마 가까이 보이는 섬들이 애틋하다
아마도 들쭉날쭉 이 외딴곳이 또
그 망중한 청년에게는 더 더욱이나 다시 없는 곳인지도
그럼에도 괜히 심술처럼의
싱숭생숭 별 기대도 않고 가까이 다가가니
그 청년 뜻밖의 소리
"이렇게 낚시를 하고 있으면, 세상 모든 걱정이 다 사라져요"

나무들의 보약

나무들의 보약 봄 햇살
겨울잠에서 하나둘 막 깨어난 나무들
벌거숭인 채로 일광욕하기 바쁘다
봄 햇살은 모두 산비탈에 다 모였는 듯
여름의 그 무성한 나무들
다 이때 몸보신 잘한 덕분이다.

두 팔 벌린 나무

싱싱함의 상징
두 팔 벌린 나무
너를 만나러 산으로 간다
너를 만나면, 절로 힘이 솟는
나보다 한참 어린나무가
아양 떨며 나를 안아 주겠단다.

바다는 멀고

이 한여름
번거로운 바다는 멀고
가까운 숲으로 간다
물결치는 너른 바다만은 못하지만
우거진 숲도
시원한 푸른 바다 못지않다
바다는 몸을 시원케 하지만
숲은 눈을 시원케 한다.

설악산과 검단산

내 기쁨인 두 산
설악산과
검단산
내게 설악산은
설악동 광장에서 높은 설악산만을
한없이 쳐다만 보고 오는 것으로
설악산을 갔다 왔다 말했다
그런 오매불망 설악산을
3박 4일 걸려 실제 대청봉 정상까지를 간 것이다
첫 관문, 신선이 노니는
비선대에서부터 넋을 잃은
비선대 지나
그 죽음의 계곡을 올라 챌 때
모두들 나를 보고 걱정했다
그런 반 놀리며 걱정하는 사람들에게
꼭 살아 돌아오겠노라, 응수했다
이제 본격
제일 낮은 봉우리 소청에 닿기도 전에
벌써 지쳐, 손수건 하나의 무게에까지도 힘에 버거운

마침내는 배낭 속의 무거운 철제 프라이팬부터 꺼내
나무 밑에 놓아 두고, 올 때 보니 없었다
누가 소중히 가져가 썼다는 게 기뻤다
칠월 장마철이라
깎아지른 높은 산모퉁이 돌 때마다
여우 안개비에 휩싸였다, 반짝 햇빛이 나고
마치 신선들의 숨바꼭질 놀음이다
산의 웅장함보다도
인간의 손길로 세세 잘 다듬어진 듯한
가정 정원 같은, 그 빼어난 아름다운 모습
어쩌면 내겐 두 번이나 가 봤던
북한에 있는 금강산보다
더 아름다운 산이 설악산이다
중청도 힘들었지만
첫 오름길 소청까지가 제일 힘들었다
그다음은 금방 다다를 듯, 다다를 듯
다다르지 않은 곳이, 또 중청
이제 마지막 대청은 아예 포기하고 오르니
차라리 쉽게 정상에 올랐다

내 평생에 산은 오직, 이런 한번뿐인 설악산과
집 가까운 검단산뿐이라는 것
검단산은 30여 년을 같이한 내 집 같은 산이라
아예 더 이상 말을 않겠다.

소꿉놀이 · 2

약동의 봄
설거지하면서 내려다보이는
올망졸망 주택가
산소 피톨로
파릇파릇 꽂혀 있는 나무들
저거 다, 내가 옛날 옛적
소꿉놀이하며 꽂아 놓은
나뭇가지들이다
내가 꽂아 놓았을 때
그 싱싱한 것만은 못하지만
그래도 옛날 옛적의 그 발랄함은
그대로 남아 있다
예나 지금이나
나무 없는 지구는 상상할 수가 없다.

소크라테스의 반론

가끔씩 오디어북으로 듣는
소크라테스의 변론
나는 반론이라 하겠다
소크라테스의 반론은 내 소화제다
소크라테스 반론은 시효가 없다
이 오디오북을 날마다 정오에
의식처럼
대한민국 세종로 광화문 광장에
확성기로 크게 틀어 놓아야 한다
그러면 이 분개한 울화통 터진 세상에
온 국민의 속이 확 뚫릴 것이다
무고한 소크라테스를 고발한
시인 멜레토스 일당들
이들은 일방적으로 소크라테스를 고발만 했지
자신들은 소크라테스의 질문에
답을 않고 어물거린다
이들 일당의 답변까지를 꼭 들어야 한다
이것은 답변을 꼭 해야만 하는
멜레토스 일당의 법에 대한 의무이기도 하다, 말하는
소크라테스의 준엄한 일갈이 통쾌하다.

신곡

죄짓지 않고 사는 사람이 있는가
그래서 천국과 지옥이 궁금했다
내가 갈 지옥은 어디인가
그곳 지옥에는 알 만한 인물들도
꽤 많이 들어가 있다
클레오파트라도 들어가 있고
시저를 죽인 부루투스도 들어가 있고
단테 사심이 섞인
그들 중, 줄리어스 시저만이 천국에 있다
천국 부러워할 것 없는
천국은 차라리 이곳 지상만 못하다
나무 있고, 꽃 피고, 새 날고, 나비 춤추고
지금 우리 사는 곳이 천국이다
베르길리우스가 천국에 이르러
단테를 베아트리체에게 인도하고
"아들아 내일 일어나 내가 보이지 않아도
너무 놀라지 말라"
이 말이 스승이고 아버지 같은 베르길리우스와의
마지막 이별의 순간이었다

베르길리우스의 인도로
천국에서 다시 단테와 재회한 베아트리체도
연인 단테에게 천국을 다 구경 시켜 주고 나서
그가 언제 사라져 간 줄도 모르게
억겁의 먼 거리로 유유히 사라져 간 모습
가슴이 찢어지는
억겁의 그 먼 거리에서도
마치 바로 가까이에 있는 듯 웃고 있는 모습
인간의 궁극적인 목적이 사랑이라는
사랑!
꼭 남녀들 간의 사랑만이 아닌, 인간 모두 사랑
그러나 사랑은 하루아침에 이루어지는 것이 아닌
매일 공들이고, 진심 어린 사랑만이
꽃 피우고, 하늘의 별처럼 영원한 것이리라.

야속한 새

늘 있는 일은 아니다
자정 넘어서까지
컴퓨터에서 시를 쓰다,
이제 막 잠자리에 들려는데
벌써 여명의 새소리 들린다
이처럼 새소리가 야속할 수가 없다

수밀도 깊은 밤은 내 마음대로 원 없이
쓸 수 있는 밤인 줄 알았건만.

시원하게 노래 한번

"시원하게 노래 한번 불러 봤으면"

그렇다, 나도
시원하게 시 한번 써 봤으면

어느 신인 가수가 하는 소리를
바로, 나도 따라 해 본다

아무 부담 없이
시원히 노래를 불러 보는 것
시원히 시를 써 보는 것.

세상에서 제일 슬픈 눈빛

세상에서 제일 슬픈 눈빛을 보았다
네 슬픈 눈빛만큼이나 아름다운 봄날
꿈결처럼 진달래 듬성듬성 피어 있는 산
그곳에서 너를 만났다
나를 보자마자, 그 애원의 눈빛
살려 달라고
지와 똑같은 어린 내가 뭐가 무섭다고
생명이 경각에 달려 있는 듯한
그 애원의 핏빛 눈빛
배가 불룩한
새끼 밴 어미 산토끼
그 애원의 핏빛 눈빛보다
더 슬펐던 건
뱃속의 아기 생명을 지키려
죽기 살기로
뒤뚱뒤뚱 풀숲으로 달아나는 네 모습.

제6부

돌리

돌리

톨스토이가 특별히 자신의 작품 중에서 제일 순수문학에 속한다는 소설 『안나 카레니나』

그만큼 순수한 애정을 갖고 썼다는 것 아닐까. 그가 애정을 갖고 쓰지 않은 작품이 어디 또 있겠는가.

그럼에 이 소설을 꼭 읽지 않으면 안 되는 많은 부담감과 부푼 기대를 갖게 한 소설이 이 소설이다.

여자 마음을 여자보다 더 잘 표현하는 소설의 신神인 톨스토이, 이 말만큼 이 소설에 가장 적중한 말도 없는 듯하다.

이 소설에 나오는 중요 인물인 세 여자 중, 나는 주인공인 안나보다도 안나 올케언니인 돌리에게 더 많은 관심과 동정심이 간다. 안나야 자신이 저지른 불륜으로 고통을 겪는 것이지만, 돌리는 반대로 남편의 외도로 고통을 받는 것이다. 안나와 돌리는 시누이, 올케 사이이지만, 서로 친자매처럼 다정한 사이이기도 하다. 안나와 브론스키와의 스캔들이 있기 전, 돌리는 시누이인 안나가 외도를 저지른 남편과 화해를 시킨 듯하지만, 그것은 일시적인 제스처일 뿐, 남편 마음은 이미 나이 든 아내를 떠난 상태다. 사십대 정도의 아내가 나이 든 아내라니? 러시아 여자들은 아가씨일 때는 이목구비가 뚜렷해 그토록 아름답지만, 얼마 못가서 금방 뚱뚱해지고, 나이 들어 보이는 것만은 사실이다. 남편의 낭비벽으로, 뻔뻔하게도 돌리 몫인 임야까지도 팔아 자기 빚을 갚게 해 달라는 부탁을, 그걸 돌리 제부인 레빈이 알고, 적잖은 돈을 레빈 자신 돈으로 해결해 주는, 이 소설에서 내가 제일 좋아하는 캐릭터 레빈의 그 인간 됨됨이가 돋보이는 장면이기도 하다. 한편 레빈은 처형인 돌리를 가장 이상적인 가정주부상으로 알고 있었는데, 아이들에게 집에서는 귀족적인 프랑스 말만 하라는 돌리의 허영적인 교육 모습에 실망한다. 돌리 또한 자기 아이들이 레빈 앞에서 험하게 싸우는 모습을 보여, 너무도 창피해하는, 이런 소소한 장면들이 너무도 이해되며, 소설의 잔재미와 깊이까지를 더하는 것이다.

  마음 착한 돌리는 자신도 남편의 외도와 경제적인 어려움까지 겹쳐 처절한 상황인데도, 세상에 지탄 받는 여자로 낙인 찍혀 고립된 생활을 하고 있는 시누이인 안나를 위로해 주기 위해 안나 저택을 찾아간다. 그렇지만 그동안 돌리가 걱정했던 것과는 달리, 이 두 연인들은 너무도 호화롭게 잘살고 있었다.

　시중드는 사람들까지도 돌리 자신 옷보다 훨씬 값비싼 옷을 입고 있어, 자신의 초라한 모습에 굴욕감을 느끼기도, 이에 돌리는 일정을 바꿔 빨리 귀가를 서두른다. 귀갓길에 그렇게 호화롭게 살면서도 말에게 주는 사료를 너무 적게 주어, 같이 갔던 마부들까지도 투덜대는 모습이다.

　누구보다도 안나를 잘 아는 돌리, 이런 언짢은 일을 계기로 평소 안나의 결혼 생활을 상기해 본다. 정부 최고 위직 남편과 그렇게 남부러울 것 없이 잘 살면서도, 그녀의 결혼 생활이 사랑 없는 결혼 생활임을 이미 간파했었던 것. 그럼에 겉으로만 화려한 삶을 살고 있는 시누이 안나를 조금도 부러워한 적이 없다 했다. 그럼에 돌리가 보기에 안나의 불륜은 어쩌면 예고된 필연 같기도 했을 것이다.

　불꽃 같은 사랑은 순간이고, 겉으로는 브론스키와 화려한 생활을 하면서도 마음만은 갈수록 한없이 공허하고 불안해한 안나, 그 누구에게도 이런 심정을 다 털어놓을 수 없었던 것을, 늦은 저녁에 돌리가 묵고 있는 숙소로 찾아가 침대에서 친언니 같은 올케에게만은 다 털어놓는다. 이런 안나와의 짧은 만남을 뒤로하고 서둘러 귀가하는 돌리의 그 착잡한 심정, 그 착잡한 심정을 안고 단 며칠간이지만 안나의 그 화려하고 가식적인 세계에서 빠져나와 집으로 향하는 돌리의 그 심정이야말로, 이 소설의 최정점을 찍는다. 돌리의 이런 안나를 아끼는 갖은 노력에도 불구하고, 소설은 여주인공 안나의 비극으로 결말 지은.

적막

시인에게 적막은
황금을 주은 것.

직박구리 · 7

언제부터인가
까치는 오지 않고
굴뚝새 모습의 직박구리가 대신한다
이젠 완전 제 집인 양
우리 집 베란다 화분대
언제 와 있는 줄도 모르게
소리 없이 슬며시 와 앉아 있기도 하고
왔다고 쨱쨱하기도 하고
당연히 거실 안쪽을 들여다보기도 하고
눈치도 안 보고 편안한 모습
이제 한식구가 다 된 듯도 하다
그동안은 말로만 들어왔던 직박구리
너를 직접 보지 않았을 때는
직박구리, 그 이름부터가 너무도 친자연적이어서
그 이름에 반했지
그러나 내 상상과는 정 딴판인 새
한겨울, 네가 굶주린 굴뚝새 모습으로
베란다 음식 쓰레기 바구니에 처음 나타났을 때
내 너를 처음 보자마자 탄식하며

내가 너에게 완전 굴복해 버릴 수밖에 없었던 것
산전수전 다 겪은
현 시대 우리 인간 모습을 하고 나타난 네 모습은 내게
현실을 바로 직시하라는,
정신 번쩍 들게 하는, 그 준엄한 엄명 아니었겠느냐?

직박구리 · 8

마을 공원 산에서
직박구리 너를 만났다
너도 금방 나를 알아보고
나도 너를 금방 알아보고
반가움보다도
서로가 어색한 반가움이다
왜 요즘 우리 집에 안 오냐고
묻고 싶은데
물으나 마나 한 소리일 것 같다
사방이 진수성찬 뷔페인데
우리 집 베란다 음식 쓰레기 바구니가 대수랴 싶다
그동안 잘 먹고 잘살았는지
겉모습, 때깔부터가 다르다
그래도 먹을 것 다 떨어진 겨울이면
우리 집에 오렴 하고
헤어졌다.

울보

어렸을 적
나는 울보였다
학교에서
아이들 고무줄놀이를
구경하고 있는데
갑자기
교감 선생님이 나타나셔서
내 손목을 채가듯 끌고 가시는 거였다
내가 무슨 잘못이
있어서 그러신 줄 일고
끌려가면서 마구 울었다
마침 운동장 조회 시간이었는지
한 번도 올라가 보지 못한
높은 단상까지 끌려 올라간 것이다
그러니 공포에 더 울 수밖에
우는 아이를 세워 놓고 하시는 말씀
"이 어린이같이 옷을 단정히 입어야 한다"
라고 하셨다.

유언

나는 유언을
따로 하지 않겠다
평소에 하는 내 소리가 유언이다
내 삶이 문학과 함께 해서 행복했고
자연에 감사하며
가끔씩 찾아준 직박구리 새도
고마웠고
무엇보다도 효자 내 두 아들들과
남편에게도 감사하고
어려운 세상을 잘 이겨낸
나에게도 감사하고
내 건강지킴이 산에 감사하고
다시 태어나도 시인으로 태어나겠다.

지갑 분실한 날 · 2

지갑 분실한 그 이튿날
이른 아침
미련을 버리지 못하고
일어나자마자
곧장 차를 몰고 산으로 달렸다
사람들이 산에 들기 전에 가면
어쩌면 찾을 것도 같기도 하다
오월의 이른 산 아침은
그야말로 상쾌하다
산 입구에서부터 막 따기 좋은 다래 순들이
휘늘어졌다
이 이른 아침에 지갑을 찾으러 왔지
다래 순 따러 온 것 아니건만
어제 점심 먹었던 자리, 물 흐르는 계곡까지 갔다
마침 물 흐르는 돌 선반 위에 까만 지갑이 얌전히 얹어
있었다
기쁜 마음으로 지갑을 찾아 돌아오는 산길
높은 나무 위에서 큰새 한 마리가 야단스럽게
긴 소리로 꽤액 꽥 소리 지른다

"아줌마 내가 저녁 내내 지키고 있었어요."
그래서 두 손 모아 합장하며
"그래 고맙다 새야, 너도 고맙고, 너구리도 고맙고"
계속 여러 번 굽실거리며 고맙단 소리를 하니
그제서야 목청껏 계속 소리 지르던 새소리
뚝 멈춘다.

가을은 소풍객 따라

정 들었던 산간 마을 가을은
골짜기마다 오색 신방 차려 놓고
해 질 녘 산 내려가는 소풍객 따라
허둥지둥 떠나가고 있었어라
떠나가는 발길에 채인 붉은 잎새
여기저기 울음바다다.

가을이었지

가을이었지
호반의 도시, 청주
어느 할머니 "뭘 볼 것이 있다고 여기에 와"

그대 떠난
그 호젓한 도시에서
놀이 삼아 빨간 맨드라미 꽃씨를 받는 이여
내 사랑의 꽃씨를 대신 받아 주고 있는 이여
가을이었지.

꽃바구니

나에게만 바쳐진 사랑은 아니어도
한겨울 뜻밖의 꽃바구니
뿌연 안개꽃에 쌓인 히아신스
사랑에 어줍은 식솔들 눈 휘둥그레
그러고 보니 오늘이 우리 부부 결혼기념일
우리도 챙기지 않은 결혼기념일을
결혼기념일에 맞춰
남편 회사에서 보내왔다는…
사정이야 어떻든
난생처음 받아 본 꽃바구니
꼭 나에게만 바쳐진 사랑은 아니어도.

님의 침묵을 따라가며

님의 침묵을 따라가며
나는 말했습니다
당신이 이 세상에 심어 놓고 간
당신의 님은
오직 당신만이 어찌할 수 없는 님이었다고
혹여 사람들
탑골 공원 33인 외침의 기억으로
당신이 간직했던 사랑을
뭇사람들의 소망으로
추앙하려 했을 뿐이었다고

나는 당신이 가시던 길
님의 침묵을 따라가며
깊은 골짜기에 다다라서야
님이 하던 대로 나도 따라 깊은 탄식을 했습니다
그렇게도 그리던 당신의 님은
너무도 확연한 얼굴
모두가 알고 있는 님이란 것에
더 머뭇거릴 수 없어

그동안 도취된 의심을 버리기로 했습니다
그토록 믿어 왔던 당신만의 사랑이
하얗게 지워져
내 사랑까지도 잃은 듯했지만
마음만은 제 길을 찾은 듯
평온한 불빛으로 번져 왔습니다
당신은 우리의 입 발린 님을
그토록 오롯한 불빛으로 세워 놓음은
모래알 같은 사랑이 아닌
당신의 크나큰 오밀한 사랑의 힘이
큰 바위만큼이나 컸나 봅니다
이제 나는 가뿐한 마음으로 긴 골짜기를 빠져나와
진정한 당신의 사랑의 노래를 다시 써 보고 싶습니다
아무나 불러보는 크나큰 님이 아닌
오직 당신만이 간직할 노을빛 같은
어찌할 수 없는 사랑의 얘기를.

제7부

인고에 대한 변론

인고에 대한 변론

시작詩作 초창기 때
아주 멋있게 보였던 한자어 인고忍苦!
이 인고忍苦가 내 벼 시를 다 망쳐 놓았다
벼꽃과 인고忍苦
온갖 기후 고통을 다 견디고 옥동자로
피어났다고? 그 아름다운 벼꽃!
남자 후배 시인이, 이 인고를 빼라 했다
그럼에도 빼지 않았다
이제는 남의 시에서까지도
너무 남발해 쓰는 인고忍苦를 보면
내 실수를 다시금 보는 것 같아 역겹다

그럼에도
죽어서도 살아서도 내 어찌 너를 버리랴
인고忍苦 너는 곧 내 삶이었고, 내 운명이었던 것을
독약 같은 인고忍苦!
비록 내 벼 시를 다 망쳐 놓긴 했지만
인생 누구나, 인고 없는 삶이 어디 있으랴

유년 시절, 내 본 대로, 느낀 대로
온갖 비바람 맞고
7, 8월 타는 땡볕의 시련까지를 다 감내하고
드디어 이른 아침, 푸른 옥빛으로
세상을 깜짝 놀랠킬 양으로 부르르 떨며
옥동자로 곱게 피어나는 벼꽃
어떤 꽃인들, 시련 없이 피어난 꽃이 어디 있으랴만은
너만은 또 다른, 너는 꽃으로만 꽃이 아닌
안팎으로 국가 안위까지를 다 책임지는
생명 살리는, 만백성들의 목숨 줄의 꽃이었던 것
그럼에 이 큰 사명감을 띠고
부르르 떨며 피는 이 갸륵한 꽃을 보고
어찌 이 인고忍苦 외에 그 어떤, 또 다른
미사여구의 말을 써야 했단 말이냐.

도망가고 싶은 밤

어둠인 줄 알았던 밤
뜻밖 바깥세상은 온통 하얀 세상
눈[雪]빛인지 달빛인지 분별할 수 없는
훔쳐보듯 은빛 하얀 세상에 취해 돌아서다,
깨뜨린 난 화분 하나
한 켠 들러리 서 있던 화분
어둠 속 나뒹굴며 쏟아져 나온 성토
그 동안 갇힌 삶, 수북이 토해 내고 있는 밤

아! 이 순간 어디론가 도망이라도
이 어질러진 삶 두고 도망이라도
한밤중 터져 나온 성토로
바깥세상 보기도 민망한 밤
들뜬 은빛 세상 한 바가지 찬물 끼얹어진 밤.

동화 나라

　보름 장에 맞춰
　장터 개똥밭에 선 야외 가설극장
　돈 없는 우리 꼬맹이들은 따로
　뺑 둘러친 포장 밖으로 들려오는 소리 듣는 것만으로도
　또 얼마나 신나다마다
　영화 다 끝날 즘에야
　인심 쓰듯 확 걷혀진 포장
　이때가 꼬맹이들에겐 영화 관람 최고의 순간
　눈보라 휘몰아치는 비탈진 산길
　비련의 여주인공 김지미가 둘러쓴 그 멋진 마후라
　지금도 내게는 그 마지막 장면이 흑백 영화 최고봉이렷다
　끄트머리만 잠깐 본 공짜 영화 관람 마치고
　강둑 따라 우리 마을 앞 강변에 당도할 즈음에는
　또 한 편의 명장면이 기다리고 있었던 것
　땡그덩, 떨어진 바늘이라도 쉽게 찾을 수 있는 하얀 달밤
　자갈밭, 그 너른 강변이 온통 하얀 목화밭!
　금방 알아차렸지만 낮의 찔레꽃이
　송이송이 하얀 목화꽃으로 둔갑해 있었던 거야.

사랑이 바람이 아니고서야

간다고 간 것이 아니고
온다고 오는 것이 아니라는 것을
항시 그 자리에 멈춰 서 있는 것
사랑이 바람이 아니고서야
줄 만큼 주고, 받을 만큼 받는 뒤에는
믿는 마음이 더 크게 작용되는
그럼에도 아픈 마음이야 어쩔 수 없네
그 많은 아름다운 추억도 나를 달래지 못하네
사랑은 언제나 시작이고 끝인 것
행복했었던 만큼 또 언제나
아픔으로 남는 것이 사랑이다.

산동, 산수유 마을

지리산 골짜기 산수유 마을
화사한 꽃그늘 아래
떼로 몰려든 관광객들
멋모르고 사진 찍다 쫓겨나는 사연
산수유 꽃그늘 아래
갓 자란 마늘밭을 질근질근 밟아 놨으니
화난 주민 다시는 오지 마러! 고함 고함
이를 난처히 지켜본 산수유 고목들
6·25 상흔 지울 수 없는 이곳에
옛 생각하며 또 혼자만 피어 있으라고
골짜기 골짜기 구슬픈 산동애가 노랫소리
또 혼자서만 쓸쓸히 듣고 있으라고.

산림욕

말과 같이
숲으로 목욕을 하는 것
한번 맛 들이면 중독되는 것
일 년에 한 번씩은 꼭 가는 산림욕 여행
목욕은 마음을 씻는 것이 진짜 목욕
그렇게 하룻밤 자고 난 아침은
그야말로 말과 같이 산림욕이란 이런 것
이것도 어쩌면 중독이라면 중독.

입춘 하산 길

꽃길처럼 눈길을 걷다
그것도 사분사분 산 내려가는 길
제사장 큰새 갈라진 목소리로 꽥꽥
참 걱정도 많다
눈 속에 고개만 삐죽삐죽 내민 돌들도
따라 걱정도 많다
벌써부터 졸린 눈의 서녘 해가
눈 반만 뜨고
이제 잘 가란다.

감탄사

산의 나무를 보며
아무 때고 감탄하지는 않는다
공원 산 내려오는 길
작년에 일렬로 잘려진
울타리 나무가
또다시 새 움 돋아 제 키만큼 자라 펄럭인다
한 나무이면서도 새 움 돋은 나뭇잎과
아래 묵은 나뭇잎 색이 다르다
울타리 나무라 또다시 잘려 나겠지만
공원 산길 내려오는 내내 감탄사가 절로 난다
이런 아름다움을 보고도
신경 안정제를 과다 복용한 사람은
이런 아름다움을 전혀 느끼지 못한다 한다.

빗소리

밤 빗소리
밖에서 숨죽이며
네가 더 많이 울고 있구나.

괴로움

괴로움은 사랑이다
사랑 때문에 괴로운 것이다
나만큼 너를 사랑한 사람이 어디 있으랴
사랑이 없으면 괴로움도 없다
조그마한 말에도 상처 받기 쉬운
꽃잎 같고, 천사 같은 어린 너에게
씻을 수 없는 상처를 주었다는 괴로움
세상에 자식만큼 사랑의 대상이 있을까
신이 우리 인간에게 준 선물 중 가장 큰 선물은
무조건적 부모의 자식 사랑.

숲길

이른 아침
설악, 양폭산장의 숲길
날마다 밥 짓기 바쁜 이른 이 시간대에
언제 이런 오붓한 숲길을
생애 한 번만이라도 걸어 본 적이 있었던가
그래서 덕분으로 주부들도
들뜬 휴가철이라는 것이 좋은 것이다
그럼에 여름은 단 며칠만이라도
주부들을 해방시켜 주는 계절이다
첫 산장, 설악 양폭에서 일박하고
이른 아침 본격 대청으로 향하는 길
대청 정상까지, 소청 중청 대청의
그 험난한 죽음의 과정이 단단히 기다리고 있었건만
그런 건 생각지 못하고
출발서부터 겁도 없이, 이 청정한 아침 숲길을 걸으며
마냥 환상에만 젖어 있어도 되었던 것인가
이곳은 예사 숲속이 아닌, 수밀도 깊은 설악 숲속
아침잠에서 깨어난 새소리
이슬 헤치며 걷는 비단길

어느새 나뭇잎마다에 금빛 햇살 낮게 반짝이고
마치 내가 꿈을 꾸는 듯
나비가 되어 나는 듯.

차를 타 보면 안다

차를 타 보면 안다
앞차가 가다, 움푹진 곳이나
불룩 돌출된 곳을 지날 때면
어김없이 차가 덜컹 소리를 낸다
그럴 때면 뒤따라가면서
나는 절대 그러지 않겠지 하고
브레이크를 유연하게 밟고 간다
그럼에도 내 차도 앞차와 마찬가지로
어김없이 덜컹하고 크게 소리를 낸다
우리 인간도 똑같다
남의 불미스러운 일들을 보며
왜들 저렇게들 사나 하고, 멸시하기도 했다
그랬던 것이 이제 와 보니
나도 그들과 똑같은 전철을 밟고 사는 것이다
인간은 더 나아지지 않은
남의 일이 곧 내 일이라는
답이 없는 인간이다.

시조시인 송선영 선생님 — 제8부

詩壇 데뷔를 衷心으로
祝賀 드리며, 精進하시길
빕니다

1998. 7.
광주에서 宋 船 影

시조시인 송선영 선생님

초등 5년 때
내가 특별히 산수를 잘한 줄 알고
주산부에 들었다
주판 십전이요까지는 겨우 따라갔는데
십일전부터는 머리가 하얘진 것이다
그러니 혼쭐나
일 년 내내 땡땡이칠 수밖에
평생 잊지 못할 그 공포의 추억
겪어 보지 않은 사람은 모른다

6년이 돼서야
문예반에 들어
그 공포에서 벗어났다
그 문예반에 송선영 선생님이 계셨다
이제 불행 끝 희망 시작이다
언덕배기 바람 한 점 없는
아늑한 꽃밭에 들어와 앉아 있는 듯한
그 황홀한 기분
그렇게 그곳에서 선생님을 처음 만났다

동시라는 것을 처음 배워
겨울 방학 숙제로
'눈사람' 이라는 동시를 지어 냈다
담임 선생님은 내 시를 보고
어디서 베껴 왔다 하셨다
뛸 듯이 기뻤다
그리고 30여 년 후, 어줍게나마 시로 등단을 했다
선생님 주소를 알아내
선생님께 등단 소식을 알려 드렸다
그랬더니 선생님께서 정성껏 축하글을 써서
보내 주셨다
액자 속 이 글이 영광스럽게도
선생님께서 손수 써서 보내 주신 축하글이다.

마지막 숲

산은 산 정상까지를 가야
산을 다 간 것이라고

차츰 나이 들어
그 뒤 중간까지만 가고

더 나이 들어서는
또 그 반까지만을

이제는 이마저도
다 작별하고

그 내 마지막 숲에서
걸핏하면 숲속으로 잘 숨는
괴짜 자라투스트라를 많이 생각했었다
숲은 이들만의 독과점 전유물이 아닌 것
철인이 별건가
누가 잡아 갈 것도 아닌
그 내 마지막 숲에서
만족하며 가짜 철인 행세 놀음 실컷 해 봤다.

신神

신神은 있다는 것
무엇보다도 신은
야수들 득실거리는
허허벌판에 떨어진 한 생명을
솜털 하나 다치지 않고
고이 나를 지켜 줬다는 것
이것은 기적이다
신만이 내 마음을 아는 것
내 마음을 아는 신이 있기에
나는 두렵지 않았던 것
신은 언제나 내 편인 것
세상에 단 하나밖에 없는
친구 같은 신
그럼에도 인간이 잘못한 것은
신도 어쩔 수 없는
그 벌 내가 지금 다 받고 있는 중이다.

자연과 공감하라

"자연과 공감하라"
이 말은 내가 한 말이 아니다
내가 즐겨 보는
유튜브 채널에서 흘러나오는 소리다
내가 요즈음 특별히 자연과 공감하는
한 장면이 있다
몇 달 전, 지난 초여름에 봤던 풀꽃들
봄에 마구잡이로 씨 뿌려진 듯한 풀꽃들이
언제 자랐는지도 모르게 훌쩍 커
그 화려 만발한 꽃들을 마구 피워 댔던 곳
그런 곳이 지난 장마에 땅이 푹 꺼져
지금 애처로운 상태다
다시 복원을 하겠지만
공원 갈 때마다 언제나 그곳에 먼저 눈길이 간다
코로나로 지친 초여름,
그토록 화려 만발하게 꽃 피워
나를 사로잡았던 곳, 이곳
자연과 공감한다는 것
성한, 아름다운 것들하고만 공감하는 것이 아닌,

이처럼 무너지고 상처 난 것들과 더 많이 공감해야 하는 것.

나만을 위한 공원 산길

여러 갈래의 공원 산길
특혜도 이런 특혜가 없는
어떻게 알고, 요 근래
그중에서도 특별히
내가 잘 다닌 길만을 택해
집중적으로 보수 공사를
이토록 완벽하게 잘해 놓았을까
천부당만부당 그럴 리야 없겠지만
만약 이 산이 내 개인 산이었다면 어떠했겠는가
내가 부자가 아닌 게 얼마나 다행인가
이 공원 산이 내 개인 산이었다면
몇 억을 들여도, 개인이 하는 일이라
이정도로는 완벽히 잘해 놓지는 못했을 것이다
그뿐인가
무거운 짐이고, 다 족쇄인 것이다
내 돈 한 푼 들이지 않고
이처럼 돈 많이 들여, 잘 닦여진 산을
거저 자유로이 즐겨 다닐 때면
표정 관리가 잘 안될 정도로

저절로 웃음이 나오며
어느 호화 재벌 별장도 부럽지 않다
이 황홀감, 이 고마움을 그 누구에게 다
표현할 줄 모르겠다.

동시

동시童詩는 아이들만이 보는 시詩가 아니다
어른들도 더 잘 챙겨 본다
내가 처음 시를 시작할 때
동시로 먼저 시작했다
시작하자마자 금방
어른 시보다 동시 쓰는 것이 더 어렵다는 걸 알고
어른 시로 바로 바꿔 쓰게 됐다
얼마나 마음이 깨끗해야 동시를 쓸 수 있을까
요즘 내가 구독해 보고 있는 어느 문학지에서
동시로 응모해 당선된 시 5편을 보았다
동시도 웬만해서는,
어른 시와 마찬가지로 별 좋은 시가 없는데
이번 신인상으로 당선된 시 5편 모두는 다
훌륭하게 잘 쓰여진 시다
그래서 두 번이나 반복해서 읽었다
온갖 풍파에 찌들어 사는 우리 기성 인간들
우리 인간들의 이런 찌든 마음을 정화하는 데는
이 신인 당선인이 쓴 시처럼,
유년 시절로 다시 돌아가 순수 아이 마음으로 쓴

이런 동시만 한 게 없다
저절로 마음이 정화되는 기분
이런 경험 처음이다.

헤세의 난쟁이나무와 목련나무

오디오북으로 헤르만 헤세의
난쟁이나무와 목련나무 글을 듣는다
해마다 무성히 자라는 목련나무에서
해마다 눈부신 하얀 꽃을 피우니
그처럼 아름다울 수가 없지만
눈꽃처럼 아름다운 꽃이지만
그 꽃의 수명은 고작 이틀 이내 곧 지고 만다는
그리고 여름 내내
생일 선물로 받은 화분에 심어진
키가 일 미터 정도인 백나무라는 난쟁이나무를 가려
이 난쟁이나무가 햇빛을 못 받고 있는 모습이 못내 아쉽다 했다
키는 작아도 수령이 사년이나 됐다는 난쟁이나무
키 큰 목련나무는 난쟁이나무만 가린 것이 아니라
헤세의 창문까지 가려 바람이 들지 않아
여름이면 늘 답답해 불만스럽다는 사연의 글이다
헤세의 서로 대립관계의 난쟁이나무와 목련나무는
실은 무거운 주제로
낙관주의 전쟁광보다는 전쟁을 반대하는 비관주의자인

난쟁이나무에게 더 많은 애정을 듬뿍 쏟은 글이다
전쟁광 히틀러는 전쟁을 반대하는 비관주의자들을
벽에 줄 세워 놓고, 조롱하고 총살하고
끝내는 히틀러의 죽음으로 전쟁이 막을 내리는
순수의 상징, 그 아름다운 목련이 어쩌다
낙관주의자 전쟁광이 되어
비관주의자인 난쟁이나무를 그토록 괴롭히는
전쟁광이 됐는지, 억울하기도 하겠다
헤세 자신도, 나치 시대 그 당시
난쟁이나무처럼 전쟁을 반대하는 비관주의자로 몰려
낙관주의자 전쟁광들에게서
많은 수모와 조롱을 받았다 한다
언제나 약자 편에 선
평화주의자 헤세다.

순수 시대

30여 년 전
90년대, 내 자칭 순수 시대, 그 시절
그 시절, 노래방에서 즐겨 불렀던
노래가 시디에서 흘러나온다
그 시절, 내 나이 막 사십
두 아이들 고등 입학시키고
이제 해방이다 부르짖으며
내 길을 찾겠다며, 밖으로 뛰쳐나온
그때 처음 만났던 초급 문학 동료들
내 생애 통 털어
이때 처음 만난 이들 동료들만큼
순수한 사람들은 없었다
내 또래 40대보다 30대 후반들이 더 많았고
강동, 같은 지역이어서 더 유대감도 깊었다
이들도 가정주부로만 살다
새가 알을 깨고 나오듯
처음으로 제2세상으로 나온 것이다
그러니 이들 또한 얼마나
이런 나만의 세상을 꿈꾸어 왔겠는가

이들 중 나와 몇몇만 등단을 했고
나머지 대부분은 등단하지 않은 걸로 안다
지금 생각하니, 등단을 하지 않은
30대 후반 이들이 더 훨씬 순수했던 것 같다
그 시절 이후, 지금까지 살아오면서 순수한 사람보다
말도 안 된, 소시오패스, 나르시시스트 오만 잡탕
쓰레기 족속들을, 더 많이 겪어 왔기에
내 생애 처음 단체 생활로 순수 시대를 경험하게 했던
30여 년 전, 그때 그들을 잊지 못한다.

가을 장미

가을은 낙엽의 계절
낙엽과 같이
떠나는 가을이 덜 외로워라고
가을 장미 핀다.

별과 기쁨

단테 『신곡』에서
지옥에서 연옥에 다다를 때나
또한 연옥에서
천국에 다다를 때에는
어김없이 희망의 별이 보인다 했다

톨스토이 『부활』에서도
한 단원 마칠 때마다
남자 주인공 네플류도프가
기쁨이라는 단어로 꼭 끝을 맺는다

어쩌면 이 두 거장들이 말하는
별과 기쁨은 하나인 것

우리 인간이 나아갈 바의 저 하늘의 희망의 별과
부활의 기쁨

이 암울한 세상에
고전에서 답을 찾다.

샤먼

샤먼
주술사
마술사
우리나라에서는 무당
그리스 신화에서는
무슨 어려운 일이 있을 때마다
신전에 가 여신에게서 최후 신탁을 받은
우리나라는 무당을 당골네라 하여 하대했고
이제는 우리나라 무당도
당당히 외국에까지 알려져
외국 샤먼이
우리나라에 와 신내림을
받는 것을 보았다
신은 분명 있는 것
우리 보통 인간 몸에도
조금씩이나마 신기라는 기는 잠재해 있는 것
그 기가 있기에 우리 인간이 이렇게나마
몸을 지탱하며 죽지 않고, 살아가고 있는 것이리라
영성의 신이 제일 많이 살고 있는 산

그래서 우리 인간은 의지처인
그런 신성한 신을 만나러 산에 간다
산에 가면 육체인 몸만 상쾌한 것이 아니라,
정신까지도 상쾌해진다
지금은 칠월, 녹음의 계절
샤먼이 제일 활동하기 좋은 계절
바라옵건대 샤먼이시어
불쌍한 우리 인간들을 굽어살펴 주시옵소서.

반성문
— 눈사람

김성주

일어나 보니
온 세상 하얀 눈이다
어린 시절 깨끗한 눈을 굴려
눈사람을 만들었다
소년은 눈사람이 좋았다

그래서 눈사람을 한참 바라보다
자기가 눈사람이라고 생각했다

세월이 흐른 후
소년은 이제, 자기가
그 눈사람이 아님을 알았다
때가 묻었다

성장한 소년은 어린 시절
하얀 눈사람이
향수처럼 그립다.

(2024. 2. 19)

아름다운
꽃
풀꽃 언니

발행 | 2025년 5월 26일
지은이 | 박정하
펴낸이 | 김명덕
펴낸곳 | 한강출판사
홈페이지 | www.mhspace.co.kr
등록 | 1988년 1월 15일(제8-39호)
주소 | 서울특별시 종로구 삼일대로 457, 501호(경운동)
전화 02) 735-4257, 734-4283   팩스 02) 739-4285

값 13,000원

ISBN 978-89-5794-588-9 04810
　　　978-89-88440-00-1 (세트)

※저자와의 협약에 의해 인지는 생략합니다.
※잘못된 책은 바꾸어 드립니다.